MERRY CHRISTMAS

크리스마스

성경구절도 읽고 색칠도 해요!!

색칠북

MERRY CHRISTMAS

크리스마스 색칠북

성경구절도 읽고 색칠도 해요!!

엘맨

하나님의 사람을 만들어가는 ELMAN

메리크리스마스~

성탄절을 맞아 재밌고 알찬 색칠하기 그림책을

여러분께 선보입니다.

이 색칠하기 그림책은 잘사용하면

우리 신앙에 굉장한 도움이 될것입니다.

자녀들이 책에 나와있는 성경 말씀을 읽어보며 색칠하면

믿음도 생기고 성경을 재미있게 느끼고

더욱더 가깝게 접하게 됩니다.

또 전도용 성경 구절도 넣어서

전도용으로 사용해도 좋습니다.

무엇보다도 가족들이 자녀들과 함께 색칠해서

액자에 넣어 보관하면 멋진 성탄 선물이 됩니다.

성탄절 색칠하기 그림책을 통해

기쁨과 믿음이 넘치는 성탄절이 되길 바랍니다.

이 일을 생각할 때에 주의 사자가 현몽하여 이르되 다윗의 자손 요셉아

네 아내 마리아 데려오기를 무서워하지 말라

그에게 잉태된 자는 성령으로 된 것이라

예쁘게
색칠해요!

아들을 낳으리니 이름을 예수라 하라
이는 그가 자기 백성을 그들의 죄에서 구원할 자이심이라 하니라

마태복음 1장 21절

예쁘게
색칠해요!

아들을 낳기까지 동침하지 아니하더니 낳으매 이름을 예수라 하니라

마태복음 1장 25절

예쁘게
색칠해요!

마태복음 2장 1절

헤롯 왕 때에 예수께서 유대 베들레헴에서 나시매
동방으로부터 박사들이 예루살렘에 이르러 말하되

유대인의 왕으로 나신 이가 어디 계시냐 우리가 동방에서
그의 별을 보고 그에게 경배하러 왔노라 하니

예쁘게
색칠해요!

베들레헴으로 보내며 이르되
가서 아기에 대하여 자세히 알아보고 찾거든 내게 고하여
나도 가서 그에게 경배하게 하라

박사들이 왕의 말을 듣고 갈새
동방에서 보던 그 별이 문득 앞서 인도하여 가다가
아기 있는 곳 위에 머물러 서 있는지라

예쁘게
색칠해요!

집에 들어가 아기와 그 모친 마리아의 함께 있는 것을 보고 엎드려
아기께 경배하고 보배합을 열어 황금과 유향과 몰약을 예물로 드리니라

마태복음 2장 11절

꿈에 헤롯에게로 돌아가지 말라 지시하심을 받아
다른 길로 고국에 돌아가니라

예쁘게
색칠해요!

마태복음 2장 13절

저희가 떠난 후에 주의 사자가 요셉에게 현몽하여 가로되
헤롯이 아기를 찾아 죽이려하니 일어나 아기와 그의 모친을 데리고
애굽으로 피하여 내가 네게 이르기까지 거기 있으라 하시니

예쁘게
색칠해요!

여섯째 달에 천사 가브리엘이 하나님의 보내심을 받들어 갈릴리 나사렛이란 동네에 가서
다윗의 자손 요셉이라 하는 사람과 정혼한 처녀에게 이르니 그 처녀의 이름은 마리아라
그에게 들어가 가로되 은혜를 받은 자여 평안할찌어다 주께서 너와 함께하시도다 하니

보라 네가 수태하여 아들을 낳으리니
그 이름을 예수라 하라

천사가 대답하여 가로되 성령이 네게 임하시고
지극히 높으신 이의 능력이 너를 덮으시리니 이러므로 나실바
거룩한 자는 하나님의 아들이라 일컬으리라

누가복음 1장 35절

예쁘게
색칠해요!

맏아들을 낳아 강보로 싸서 구유에 뉘었으니
이는 사관에 있을 곳이 없음이러라

맏아들을 낳아 강보로 싸서 구유에 뉘었으니
이는 사관에 있을 곳이 없음이러라

예쁘게
색칠해요!

주의 사자가 곁에 서고
주의 영광이 저희를 두루 비취매
크게 무서워하는지라

예쁘게
색칠해요!

천사가 이르되 무서워 말라
보라 내가 온 백성에게 미칠 큰 기쁨의 좋은 소식을
너희에게 전하노라

천사가 이르되 무서워 말라
보라 내가 온 백성에게 미칠 큰 기쁨의 좋은 소식을
너희에게 전하노라

누가복음 2장 11절

예쁘게
색칠해요!

오늘날 다윗의 동네에 너희를 위하여 구주가 나셨으니
곧 그리스도 주시니라

예쁘게
색칠해요!

누가복음 2장 12절

너희가 가서 강보에 싸여 구유에 누인 아기를 보리니
이것이 너희에게 표적이니라 하더니

너희가 가서 강보에 싸여 구유에 누인 아기를 보리니
이것이 너희에게 표적이니라 하더니

예쁘게
색칠해요!

누가복음 2장 12~13절

홀연히 허다한 천군이 그 천사와 함께 있어 하나님을 찬송하여 가로되
지극히 높은 곳에서는 하나님께 영광이요
땅에서는 기뻐하심을 입은 사람들 중에 평화로다 하니라

43

누가복음 2장 15절

천사들이 떠나 하늘로 올라가니 목자가 서로 말하되
이제 베들레헴까지 가서 주께서 우리에게 알리신바
이 이루어진 일을 보자 하고

빨리 가서 마리아와 요셉과 구유에 누인 아기를 찾아서
보고 천사가 자기들에게 이 아기에 대하여 말한 것을 고하니
듣는 자가 다 목자의 말하는 일을 기이히 여기되

마리아는 이 모든 말을 마음에 지키어 생각하니라

목자가 자기들에게 이르던 바와 같이
듣고 본 그 모든 것을 인하여 하나님께 영광을 돌리고
찬송하며 돌아가니라

예쁘게
색칠해요!

모세의 법대로 결례의 날이 차매
아기를 데리고 예루살렘에 올라가니

예쁘게 색칠해요!

예루살렘에 시므온이라 하는 사람이 있으니
이 사람이 의롭고 경건하여 이스라엘의 위로를 기다리는 자라
성령이 그 위에 계시더라

예)쁘게
색칠해요!

시므온이 아기를 안고 하나님을 찬송하여 가로되
주재여 이제는 말씀하신대로 종을 평안히 놓아 주시는도다
내 눈이 주의 구원을 보았사오니 이는 만민 앞에 예비하신 것이요
이방을 비추는 빛이요 주의 백성 이스라엘의 영광이니이다 하니

시므온이 저희에게 축복하고 그 모친 마리아에게 일러 가로되 보라
이 아이는 이스라엘 중 많은 사람의 패하고 흥함을 위하며 비방을 받는 표적 되기 위하여 세움을 입었고
또 칼이 네 마음을 찌르듯 하리라 이는 여러 사람의 마음의 생각을 드러내려 함이니라 하더라

시므온이 저희에게 축복하고 그 모친 마리아에게 일러 가로되 보라

누가복음 2장 36~37절

또 아셀 지파 바누엘의 딸 안나라 하는 선지자가 있어 나이 매우 늙었더라

그가 출가한 후 일곱 해 동안 남편과 함께 살다가 과부 된지 팔십 사년이라

이 사람이 성전을 떠나지 아니하고 주야에 금식하며 기도함으로 섬기더니

누가복음 2장 38절

마침 이 때에 나아와서 하나님께 감사하고
예루살렘의 구속됨을 바라는 모든 사람에게
이 아기에 대하여 말하니라

Merry
Christmas

Merry
Christmas

Merry
Christmas

예쁘게
색칠해요!

Merry
Christmas

Merry
Christmas

Merry
Christmas

Merry
Christmas

예쁘게
색칠해요!

메리 크리스마스!

예쁘게
색칠해요!

Merry
Christmas

Merry
Christmas

예쁘게
색칠해요!

Merry
Christmas

Merry
Christmas

12 월

25

예쁘게
색칠해요!

예쁘게
색칠해요!

Merry
Christmas

지극히 높은 곳에서는 하나님께
영광이요 땅에서는 하나님이 기뻐
하신 사람들 중에 평화로다
(누가복음 2장 14절)

Merry
Christmas

지극히 높은 곳에서는 하나님께
영광이요 땅에서는 하나님이 기뻐
하신 사람들 중에 평화로다
(누가복음 2장 14절)

예쁘게
색칠해요!

Merry
Christmas

Merry
Christmas

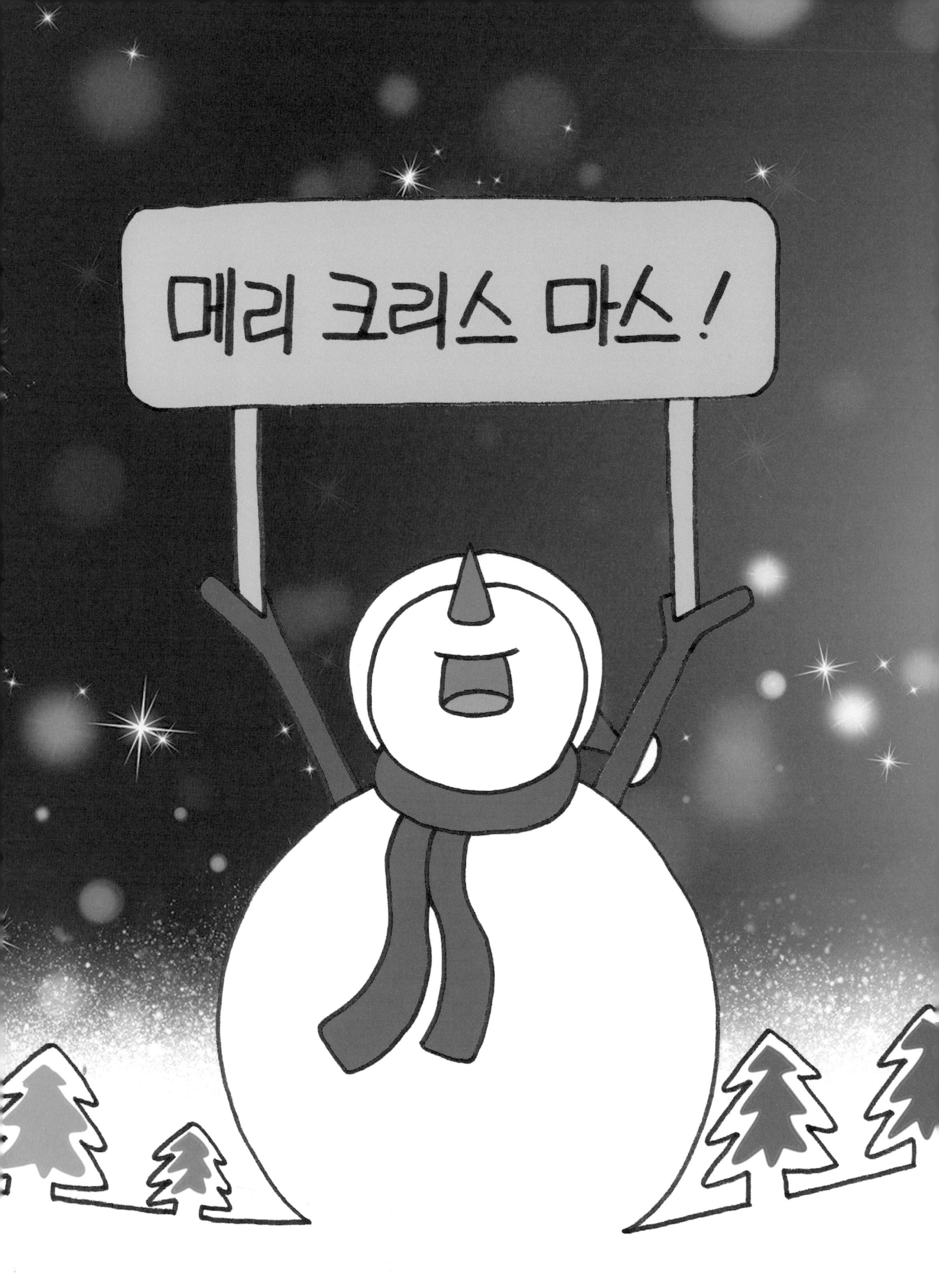
메리 크리스 마스!

Christmas

즐거운 성탄 되세요!

Merry
Christmas

Christmas

초판1쇄 : 2022년 11월 20일

글·그림 : 김성준
펴 낸 이 : 이규종
펴 낸 곳 : 엘맨

서울시 마포구 토정로222
한국출판콘텐츠센터422-3
출판등록 제1998-000033호(1985.10.29)

Tel : 02-323-4060
Fax : 02-323-6416
e-mail : elman1985@hanmail.net
홈페이지 : www.elman.kr

값 13,000 원
ISBN 978-89-5515-058-2(03230)